BEI GRIN MACHT SICH IHR WISSEN BEZAHLT

- Wir veröffentlichen Ihre Hausarbeit, Bachelor- und Masterarbeit

- Ihr eigenes eBook und Buch - weltweit in allen wichtigen Shops

- Verdienen Sie an jedem Verkauf

Jetzt bei www.GRIN.com hochladen und kostenlos publizieren

Bibliografische Information der Deutschen Nationalbibliothek:

Die Deutsche Bibliothek verzeichnet diese Publikation in der Deutschen National-
bibliografie; detaillierte bibliografische Daten sind im Internet über http://dnb.d-
nb.de/ abrufbar.

Impressum:

Copyright © 2019 GRIN Verlag
Druck und Bindung: Books on Demand GmbH, Norderstedt Germany
ISBN: 9783346006660

Dieses Buch bei GRIN:

https://www.grin.com/document/494262

Lisa Marie Frey

Mitarbeiterbindung bei Auszubildenden in mittelständischen Unternehmen

GRIN Verlag

GRIN - Your knowledge has value

Der GRIN Verlag publiziert seit 1998 wissenschaftliche Arbeiten von Studenten, Hochschullehrern und anderen Akademikern als eBook und gedrucktes Buch. Die Verlagswebsite www.grin.com ist die ideale Plattform zur Veröffentlichung von Hausarbeiten, Abschlussarbeiten, wissenschaftlichen Aufsätzen, Dissertationen und Fachbüchern.

Besuchen Sie uns im Internet:

http://www.grin.com/

http://www.facebook.com/grincom

http://www.twitter.com/grin_com

Hausarbeit

Bindung von Auszubildenden
in mittelständischen Unternehmen

Inhaltsverzeichnis

Abbildungsverzeichnis

Abkürzungsverzeichnis

WIdO   Wissenschaftliches Institut der AOK

1. Einleitung

„War of Talents"[1] war einmal, heute heißt es „War for Talents"[2]. Wo man sich früher aus einem Stapel an Bewerbungen den passenden Auszubildenden aussuchen konnte, versucht man heute händeringend die Lehrstellen zu besetzen.[3,4] Die Gründe dafür sind vielfältig. Eine große Rolle spielt der demografische Wandel. In den Jahren zwischen 2008 und 2014 verließen erstmals mehr Personen den Arbeitsmarkt durch den Ruhestand als neue Schul- und Hochschulabsolventen eintraten.[5] Deswegen müssen Unternehmen sich schon heute mit dem Fachkräftemangel und der Überalterung auseinandersetzen.[6] Mit einer Veränderung der Situation in den kommenden Jahren ist vorerst nicht zu rechnen.[7]

Altersstruktur der Bevölkerung in Deutschland, 1950–2060

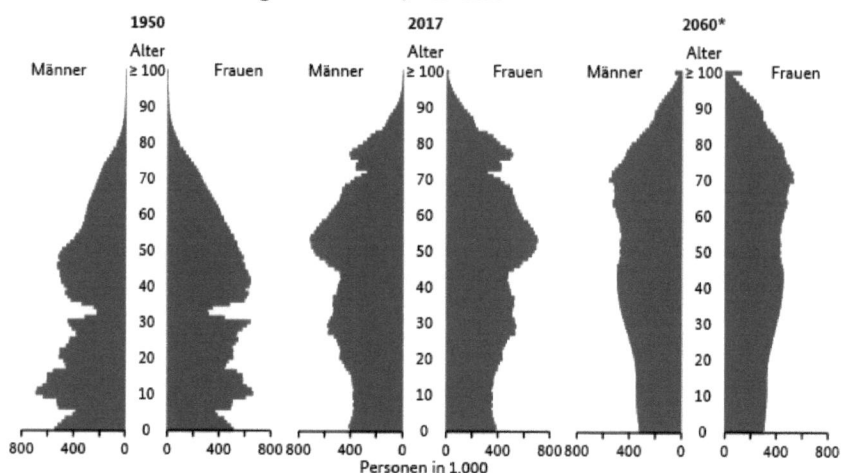

* Ergebnis der aktualisierten 13. koordinierten Bevölkerungsvorausberechnung (Variante 2-A)
Datenquelle: Statistisches Bundesamt
© BiB 2018 / demografie-portal.de

Quelle: https://www.demografie-portal.de/SharedDocs/Informieren/DE/ZahlenFakten/
Bevoelkerung_Altersstruktur.html

Abbildung 1: Altersstruktur der Bevölkerung in Deutschland, 1950-2060

Ein weiterer Punkt ist die sogenannte Akademisierung. Der Trend sich gegen eine Berufsausbildung und für ein Studium zu entscheiden.[8] Für viele Berufsbilder gestaltet sich die Suche nach geeigneten

---

[1] Personio GmbH: War for Talents, URL: https://www.personio.de/hr-lexikon/war-for-talents/ [Stand: 15.04.2019].
[2] Ebd.
[3] Vgl. Ebd.
[4] Vgl. Studitemps GmbH: Mitarbeiter für sich gewinnen: Kein Spiel ohne Einsatz, URL: https://studi-temps.de/magazin/mitarbeitergewinnung/ [Stand: 15.04.2019].
[5] Vgl. Wolf, Gunther: Mitarbeiterbindung, 3. Auflage, Haufe-Lexware GmbH & Co. KG, Freiburg, 2018, S. 35.
[6] Vgl. Haufe-Lexware GmbH & Co. KG: Strategien zum demografischen Wandel fehlen, https://www.haufe.de/personal/hr-management/strategien-zum-demografischen-wandel-feh-len_80_309050.html [Stand: 23.02.2019].
[7] Vgl. Wolf, Mitarbeiterbindung, S. 35.
[8] Vgl. Bundesinstitut für Berufsbildung (BIBB): Akademisierung der Berufswelt, https://www.bibb.de/doku-mente/pdf/a1bud_auswahlbibliografie-akademisierung.pdf [Stand: 23.02.2019].

Auszubildenden daher immer schwieriger.[9] Ganz besonders mittelständische Unternehmen berichten über einen Bewerbungsrückgang auf die angebotenen Lehrstellen.[10]

Unternehmen, die es mit hohem Aufwand dennoch geschafft haben Auszubildende für sich zu gewinnen, sehen die Rekrutierung mit der Vertragsunterzeichnung oftmals als abgeschlossen an. Sie sind selten auf die Nachwuchskräfte vorbereitet und planen den Ausbildungsprozess nicht rechtzeitig.[11] Laut des Berufsbildungsberichtes 2018 kam es im Jahr 2016 zu einer Vertragslösungsquote von 25,8 %.[12] Das heißt nicht zwangsläufig, dass die Auszubildenden die Ausbildung abbrechen. Eine Vielzahl von Azubis führt die Lehre nämlich mit einem neuen Ausbildungsvertrag in einem anderen Unternehmen fort.[13] Damit sind nicht nur die Aufwendungen und Mühen, die die Besetzung der Stelle mit sich gebracht hat, umsonst gewesen. Auch das Wissen, dass der Auszubildende bereits gewonnen hat, geht verloren. Umso wichtiger ist es daher engagierte und motivierte Auszubildende für das Unternehmen zu begeistern und somit dauerhaft an dieses zu binden.[14]

Die vorliegende Arbeit beschäftigt sich mit der Bindung von Auszubildenden in mittelständischen Unternehmen und hat das Ziel einen Leitfaden mit geeigneten Maßnahmen und Instrumenten vorzustellen. Zu Beginn werden zunächst die Grundlagen der Mitarbeiterbindung erläutert und die verschiedenen Arten der Bindung herausgearbeitet. Anschließend gehe ich auf die möglichen Folgen mangelnder Mitarbeiterbindung ein. Die Chancen und Risiken der Mitarbeiterbindung werde ich im Anschluss beleuchten. Danach stelle ich, anhand der Sechs Säulen der Mitarbeiterbindung, geeignete Maßnahmen zur Bindung vor. Abschließend wird im Fazit das Ergebnis der vorliegenden Arbeit zusammengefasst und analysiert, welche Rolle die Bindung von Auszubildenden in Zukunft spielen wird.

2. Grundlagen der Mitarbeiterbindung

2.1 Definition der Mitarbeiterbindung

Eine Redewendung besagt Reisende solle man nicht aufhalten. Die Mitarbeiterbindung soll jedoch genau das erreichen. Mit unterschiedlichen Maßnahmen und Instrumenten sollen Mitarbeiter mittel-

---

[9] Vgl. HRM Research Institute GmbH: Auszubildende begeistern und binden, URL: https://www.hrm.de/fachartikel/auszubildende-begeistern-und-binden-11187 [Stand: 04.03.2019].
[10] Vgl. Edenred Deutschland GmbH: Wie gewinne ich passende Auszubildende für mein Unternehmen?, URL: https://eblock.edenred.de/post/wie-gewinne-ich-passende-auszubildende-fuer-mein-unternehmen.html [Stand: 04.03.2019].
[11] Vgl. Von Bonin, Albrecht: Mitarbeiter suchen, finden, fördern, binden, Matthaes Verlag GmbH, Stuttgart, 2013, S. 47.
[12] Vgl. Bundesministerium für Bildung und Forschung (BMBF): Berufsbildungsbericht 2018, URL: https://www.bmbf.de/upload_filestore/pub/Berufsbildungsbericht_2018.pdf [Stand: 04.03.2019], S. 14.
[13] Vgl. Bundesinstitut für Berufsbildung (BIBB): Was stabilisiert duale Ausbildungsverhältnisse?, https://www.bibb.de/de/26725.php [Stand: 30.03.2019].
[14] Vgl. HRM Research Institute GmbH: Auszubildende begeistern und binden, URL: https://www.hrm.de/fachartikel/auszubildende-begeistern-und-binden-11187 [Stand: 04.03.2019].

bis langfristig an das Unternehmen gebunden werden und sicherstellen, dass vor allem leistungsstarke Potentialträger nicht die Reiselust verspüren und das Unternehmen verlassen.[15]

Der Begriff Mitarbeiterbindung setzt sich aus dem Wort Mitarbeiter und der Bindung zusammen.
Unter einer Bindung versteht man eine enge belastbare Form einer Beziehung zwischen mindestens
zwei Bindungspartnern. Sie ist größtenteils immun gegen negative Außeneinflüsse. In diesem Fall
drückt sie die Verbundenheit eines Arbeitnehmers zum jeweiligen Arbeitgeber aus. Der Grad der
Bindung kann stark variieren und hängt von verschiedenen Faktoren ab.[16, 17]

2.2 Arten von Mitarbeiterbindung
2.2.1 Rationale Ebene
Das Ziel der rationalen Bindungsebene ist die Nutzenmaximierung. Der Mitarbeiter wägt ab, welche
Vor- und Nachteile die Stelle in dem Unternehmen zu bieten hat und entscheidet sich dann für ihn
günstigste Variante. Er vergleicht diese auch oftmals mit Stellenangeboten von anderen Firmen und
Organisationen.[18] Dadurch, dass sie über das Angebot und die Nachfrage auf dem Arbeitsmarkt gut
informiert sind, gelten rational gebundene Mitarbeiter als besonders fluktuationsfreudig, gemäß dem
Motto: „Wer wegen dem Geld kommt, geht auch wegen Geld!"[19].[20]

2.2.2 Behaviorale Ebene
Der Mensch ist ein Gewohnheitstier, Behaviorale Bindung beschreibt genau dieses Phänomen. Sie
beruht auf der Beibehaltung vorhandener Verhaltensweisen und Gewohnheiten. Die Wahrschein-
lichkeit, dass behavioral gebundene Mitarbeiter, das Unternehmen verlassen ist geringer, als bei der
rationalen Bindung. Andererseits sind Arbeitnehmer bei dieser Form der Verbundenheit meist nicht
besonders engagiert, flexibel und liefern auch selten innovative Ideen.[21]

2.2.3 Normative Ebene
Arbeitnehmer, die normativ an das Unternehmen gebunden sind, haben oft das Gefühl dem Arbeitgeber, Kollegen oder auch Vorgesetzten verpflichtet zu sein. Sie haben die Vorstellung, dass sie
das Unternehmen nicht im Stich lassen können und ihm in manchen Fällen sogar Rechenschaft
ablegen müssen. Die Fluktuationsrate fällt bei diesen Arbeitnehmern relativ gering aus, dafür ist das

---

[15] Vgl. Karrierebibel: Mitarbeiterbindung: Instrumente und Beispiele, URL: https://karrierebibel.de/mitarbeiter-
bindung/, [Stand: 05.03.2019].
[16] Vgl. Kompetenz Center Mitarbeiterbindung: Definition Mitarbeiterbindung, URL: https://bindung-mitarbei-
ter.de/definition-mitarbeiterbindung/ [Stand: 04.03.2019].
[17] Vgl. Springer Verlag GmbH: Hintergründe der Mitarbeiterbindung, URL: https://media.e-
book.de/shop/coverscans/162PDF/16208943_lprob_1.pdf [Stand: 04.03.2019], S. 4 ff.
[18] Vgl. Prosoft EDV-Lösungen GmbH & Co. KG: Mitarbeiterbindung, URL: https://www.prosoft.net/was-
ist/mitarbeiterbindung [Stand: 05.03.2019].
[19] Wolf, Mitarbeiterbindung, S. 71.
[20] Vgl. Ebd.
[21] Vgl. Wolf, Gunther: Mitarbeiter anziehen, motivieren, binden: Emotionen entscheiden, URL: https://wolfg-
unther.de/wp-content/uploads/2010/03/101190_14_06_19-Mitarbeiter-anziehen-motivieren-binden-Emotio-
nen-entscheiden.pdf, [Stand: 06.03.2019], S. 16 ff.

Engagement meist auf Handlungen, die in Verbindung mit dem Bindungspartner stehen, begrenzt.[22] Oftmals handelt es sich bei den Bindungspartnern auch um Familienmitglieder oder gar das Familienunternehmen.[23]

2.2.4 Emotionale Ebene

Die emotionale Bindung gilt als die wohl stärkste Bindungsebene. Man kann sie mit der aus dem Privatleben vergleichen. Die Werte und Ziele eines emotional gebundenen Arbeitnehmers stimmen oft mit denen des Unternehmens überein.[24] Sie können sich häufig mit dem Arbeitgeber identifizieren und empfinden das Gefühl von Stolz und Dankbarkeit.[25] Außerdem wollen sie die Bindung aufrechterhalten und stärken diese indem sie sich engagieren und gute Ergebnisse leisten. Ein weiterer positiver Aspekt der emotionalen Verbundenheit, ist die gering ausfallende Fluktuations- und Krankheitsrate.[26]

3. Mögliche Folgen mangelnder Mitarbeiterbindung

Mitarbeiter, die keine hohe Bindung an das Unternehmen verspüren, neigen dazu dieses zu verlassen. Dadurch würden hohe Kosten für die Neuausschreibungen der offenen Stelle, die Einarbeitungszeit der neuen Mitarbeiter und der Wissensverlust des alten Arbeitnehmers entstehen, so Marco Nink, Senior Practice Consultant beim Gallup Institut, in einem Interview mit Welt.[27]

In einigen Fällen geringer Mitarbeiterbindung kann es jedoch schon im Vorfeld zu einer inneren Kündigung kommen. Dies hat zur Folge, dass Mitarbeiter dann nur noch Dienst nach Vorschrift leisten und sich nicht für das Unternehmen einbringen. Sie arbeiten nicht sonderlich kundenorientiert und bauen auch keine engen Kundenbeziehungen auf. Außerdem fehlt ihnen der Wunsch nach Verbesserung. Häufig stellen sie sich sogar gegen jegliche Veränderungen. Sie weisen eine hohe Fehl- und Krankheitsquote auf, arbeiten unproduktiv und beschäftigen sich während der Arbeitszeit meist mit privaten Angelegenheiten. Zugeteilte Aufgaben dauern oftmals wesentlich länger, als üblich. Die Arbeitszeit wird ausgedehnt und sie sind nicht gewillt zusätzliche Tätigkeiten zu

---

[22] Vgl. Wolf, Gunther: Mitarbeiter anziehen, motivieren, binden: Emotionen entscheiden, URL: https://wolfgunther.de/wp-content/uploads/2010/03/101190_14_06_19-Mitarbeiter-anziehen-motivieren-binden-Emotionen-entscheiden.pdf, [Stand: 06.03.2019], S. 16 ff.

[23] Vgl. Prosoft EDV-Lösungen GmbH & Co. KG: Mitarbeiterbindung, URL: https://www.prosoft.net/was-ist/mitarbeiterbindung [Stand: 05.03.2019].

[24] Vgl. Wolf, Mitarbeiterbindung, S. 87-88.

[25] Vgl. Prosoft EDV-Lösungen GmbH & Co. KG: Mitarbeiterbindung, URL: https://www.prosoft.net/was-ist/mitarbeiterbindung [Stand: 05.03.2019].

[26] Vgl. Wolf, Gunther: Mitarbeiter anziehen, motivieren, binden: Emotionen entscheiden, URL: https://wolfgunther.de/wp-content/uploads/2010/03/101190_14_06_19-Mitarbeiter-anziehen-motivieren-binden-Emotionen-entscheiden.pdf, [Stand: 06.03.2019], S. 17.

[27] Vgl. Axel Springer SE: Innere Kündigung kostet Wirtschaft 118 Milliarden, URL: https://www.welt.de/wirtschaft/article126409764/Innere-Kuendigung-kostet-Wirtschaft-118-Milliarden.html [Stand: 07.03.2019].

übernehmen.[28] Laut des Gallup Engagement Index Deutschland 2018, beliefen sich die volkswirtschaftlichen Kosten aufgrund innerer Kündigungen im Jahr 2018 auf 77 bis 103 Milliarden Euro.[29]

Fehlende Mitarbeiterbindung kann aber nicht nur hohe Kosten verursachen und die Produktivität des Unternehmens beeinträchtigen. Sie kann auch langfristige Folgen mit sich ziehen. Wie etwa die Auswirkungen auf die die Gesundheit der Mitarbeiter. Ungebundene Arbeitnehmer sind häufig unzufrieden, fühlen sich innerlich ausgebrannt und sind sehr gestresst.[30] Das zeigt auch der Fehlzeiten-Report 2015 der AOK. Demnach berichten 56,5 % der Auszubildenden über regelmäßig körperliche Beschwerden. 46,1 % der befragten Auszubildenden über psychische Probleme. Sie leiden häufig unter Kopf- oder Rückenschmerzen, Verspannungen, Müdigkeit, Lustlosigkeit, Reizbarkeit und Schlafstörungen.[31]

Die Fluktuation der ungebundenen Mitarbeiter kann zu einem ständigen Wechsel der Positionen führen. Wenn immer mehr Mitarbeiter das Unternehmen verlassen und sich die Struktur der Belegschaft regelmäßig ändert, kann auch das Betriebsklima darunter leiden.[32] Dies hätte zur Folge, dass auch dem Image des Unternehmens geschadet werden würde, wodurch das Interesse potenzieller Mitarbeiter schwinden könnte.[33]

4. Chancen der Mitarbeiterbindung

Emotional verbundene Mitarbeiter weisen eine geringere Krankheits- und Fluktuationsrate auf. Damit werden auch weniger Kosten für den Austritt des Mitarbeiters, die Neubesetzung der Stelle und die Einführung in das Unternehmen verursacht.[34] Zudem kann die Produktivität, durch die niedrigeren Fehltage, steigen und somit bessere Leistungen erbracht werden.[35]

Hinzu kommt, dass Arbeitnehmer ein größeres Interesse daran haben das Unternehmen voran zu bringen. 82 % der Beschäftigten mit einer hohen Bindung würden die firmeneigenen Produkte und

---

[28] Vgl. Wolf, Mitarbeiterbindung, S. 181 f.
[29] Vgl. Gallup GmbH: Engagement Index Deutschland 2018, URL: https://www.gallup.de/file/245450/Engagement_Index_2018_Presentation.pdf?g_source=link_intdede&g_campaign=item_183104&g_medium=copy [Stand: 05.04.2019] S. 9.
[30] Vgl. Axel Springer SE: Innere Kündigung kostet Wirtschaft 118 Milliarden, URL: https://www.welt.de/wirtschaft/article126409764/Innere-Kuendigung-kostet-Wirtschaft-118-Milliarden.html [Stand: 07.03.2019].
[31] Vgl. AOK-Bundesverband GbR: Herausforderung für die Betriebe: Mehr als jeder fünfte Auszubildende zeigt riskanten Gesundheitsverhalten, URL: https://www.aok-bv.de/presse/pressemitteilungen/2015/index_15244.html [Stand: 14.03.2019].
[32] Vgl. Mirijam Franke: Innere Kündigung – Der Anfang vom Ende oder ein Neuanfang?, URL: https://arbeits-abc.de/innere-kuendigung/ [Stand: 16.04.2019].
[33] Vgl. B-wise GmbH: Wenn die Fluktuation zum Misserfolg gerät, URL: https://www.business-wissen.de/artikel/kostenfalle-wenn-die-fluktuation-zum-misserfolg-geraet/ [Stand: 08.03.2019].
[34] Vgl. Wolf, Mitarbeiterbindung, S. 190 f.
[35] Vgl. B-wise GmbH: Mitarbeiter an das Unternehmen binden und die Vorteile entdecken, URL: https://www.business-wissen.de/artikel/mitarbeiterbindung-mitarbeiter-an-das-unternehmen-binden-und-die-vorteile-entdecken/ [Stand: 08.03.2019].

Dienstleistungen der eigenen Verwandtschaft und Bekanntenreis weiterempfehlen. Außerdem äußern Mitarbeiter ihre Zufriedenheit meist auch in die Öffentlichkeit. Dies hat zur Folge, dass auch die Arbeitgeberattraktivität steigt. Hinsichtlich des Fachkräftemangels kann diese eine wichtige Rolle für die zukünftige Personalentwicklung spielen.[36]

Ein weiterer positiver Aspekt, ist die Erbringung besserer Arbeitsergebnisse. Angestellte mit einer starken Bindung arbeiten mit mehr Engagement. Sie sind offener für Veränderungen und bringen meist selbst Ideen und Vorschläge in das Unternehmen mit ein. Da gebundene Mitarbeiter ein größeres Interesse an dem Wohl des Unternehmens haben, arbeiten diese meist kunden- und serviceorientierter. Die Kundenzufriedenheit und -bindung kann damit ebenfalls steigen. Zusammenfassend lässt sich sagen, dass der Unternehmenserfolg durch eine hohe Bindung wachsen und dem Arbeitgeber dadurch eine bessere Marktposition bieten kann.[37]

5. Risiken der Mitarbeiterbindung

Die Mitarbeiterbindung sollte in einem gesunden Maß angewendet werden. Ein Übermaß an Ablenkungen kann dazu führen, dass Angestellte ihren Tätigkeiten und Aufgaben nicht mehr nachkommen und sich lieber mit anderen Unterhaltungsmöglichkeiten beschäftigen. Zudem können Mitarbeiter die Benefits, die das Unternehmen zu bieten hat, schnell als selbstverständlich ansehen und das Interesse an ihnen verlieren.

Zu viele Maßnahmen können dem Mitarbeiter außerdem das Gefühl geben an 'goldene Fesseln'[38] angelegt zu werden. Dadurch kann eine ungesunde Bindung entstehen. Was zur Folge haben könnte, dass sich Mitarbeiter der Situation aussichtslos ausgeliefert fühlt. Die Motivation könne dadurch eingedämmt werden.[39]

Des Weiteren kann eine starke Bindung dazu führen, dass Mitarbeiter dem Unternehmen blindlings gehorchen. Angestellte handeln in diesem Fall mit vollem Einsatz für das Unternehmen, auch wenn die Handlungen unethischer oder gar krimineller Natur sind. Außerdem kann es dazu führen, dass die Selbsteinschätzung unter einer zu hohen Bindung leiden kann. Die Handlungen des

---

[36] Ebd.
[37] Vgl. Wolf, Gunther: Mitarbeiter anziehen, motivieren, binden: Emotionen entscheiden, URL: https://wolfgunther.de/wp-content/uploads/2010/03/101190_14_06_19-Mitarbeiter-anziehen-motivieren-binden-Emotionen-entscheiden.pdf, [Stand: 06.03.2019], S. 14.
[38] Gruner+Jahr GmbH: Warum Mitarbeiterbindung kontraproduktiv ist, URL: https://www.capital.de/wirtschaft-politik/warum-mitarbeiterbindung-kontraproduktiv-ist [Stand: 15.04.2019].
[39] Vgl. Prosoft EDV-Lösungen GmbH & Co. KG: Mitarbeiterbindung, URL: https://www.prosoft.net/was-ist/mitarbeiterbindung [Stand: 05.03.2019].

Unternehmens können verherrlicht werden. Dies kann die Gefahr von Fehlentscheidungen begünstigen, da der Markt nicht mehr realistisch eingeschätzt werden kann.[40]

Weiterhin ist zu erwähnen, dass eine hohe Mitarbeiterbindung, auch weniger Wechsel der Belegschaft hervorbringt und somit auch weniger neues Personal eingestellt wird. Frische Eindrücke fehlen dem Unternehmen, was zur Folge haben könnte, dass die Entwicklung des Unternehmens ins Stocken gerät.[41]

6. Sechs Säulen der Mitarbeiterbindung[42]

6.1 Arbeitsorganisation und Arbeitsumfeld

Eine angenehme Arbeitsatmosphäre kann dazu beitragen, dass sich Mitarbeiter im Unternehmen wohler fühlen. Die Folge: mehr Motivation und Leistungsbereitschaft. Eine gute strukturierte Planung und Organisation stellt dabei den Grundstein für ein angenehmes Arbeitsklima. Ein positiver Nebeneffekt ist auch die erhöhte emotionale Bindung von Azubis.[43] Daher sollte man sich gut auf die Ankunft und den Austritt eines Auszubildenden vorbereiten. Dazu gilt es einen geeigneten Ausbildungsrahmenplan zu erstellen, Ziele zu definieren und auch die Übernahme der Potentialträger zu planen. Zudem sollten alle Mitarbeiter über den Arbeitsbeginn des Azubis in Kenntnis gesetzt werden, um unangenehme und peinliche Situationen zu vermeiden. Ein Mentorenprogramm kann bei der Einführung des Azubis ebenfalls sehr hilfreich sein. Im weiteren Verlauf der Ausbildung kann er das Gefühl von Sicherheit vermitteln und dem Auszubildenden zur Seite stehen.[44]

6.2 Gesundheit, Sport und Freizeit

Laut des Fehlzeiten-Reports 2015 des Wissenschaftlichen Instituts der AOK (WIdO), berichteten ein Drittel der befragten Auszubildenden über häufig auftretende körperliche und psychische Probleme. Die Gründe dafür liegen oftmals an zu wenig Bewegung im Alltag, zu wenig Schlaf und eine allgemein ungesunde Lebensweise.[45] „Gute Leistungen setzen einen gesunden Körper und Geist voraus.".[46] Als Arbeitgeber sollte man sich daher um die Gesundheit und des Wohlbefindens seiner Angestellten kümmern und ihnen das Gefühl geben, dass man sich um sie sorgt. Der stellvertretende

[40] Vgl. B-wise GmbH: Mitarbeiter an das Unternehmen binden und die Vorteile entdecken, URL: https://www.business-wissen.de/artikel/mitarbeiterbindung-mitarbeiter-an-das-unternehmen-binden-und-die-vorteile-entdecken/ [Stand: 08.03.2019].
[41] Vgl. Fred Eichwald: Mitarbeiterbindung – Ziele, wirksame Maßnahmen, Vor- und Nachteile, URL: https://arbeits-abc.de/mitarbeiterbindung-ziele-wirksame-massnahmen-vor-und-nachteile/ [Stand: 15.04.2019].
[42] Vgl. Anlage 2: Die 6 Säulen der Mitarbeiterbindung.
[43] Vgl. BONAGO Incentive Marketing Group GmbH: Die 6 Säulen erfolgreicher Mitarbeiterbindung, URL: https://www.bonago.de/die-6-saulen-erfolgreicher-mitarbeiterbindung/ [Stand: 13.04.2019].
[44] Vgl. Von Bonin, Albrecht, Mitarbeiter suchen, finden, fördern, binden, S.49 f.
[45] AOK-Bundesverband GbR: Herausforderung für die Betriebe: Mehr als jeder fünfte Auszubildende zeigt riskantes Gesundheitsverhalten, URL: https://www.aok-bv.de/presse/pressemitteilungen/2015/index_15244.html [14.04.2019].
[46] Vgl. BONAGO Incentive Marketing Group GmbH: Die 6 Säulen erfolgreicher Mitarbeiterbindung, URL: https://www.bonago.de/die-6-saulen-erfolgreicher-mitarbeiterbindung/ [Stand: 13.04.2019].

Geschäftsführer des WIdO sagte dazu, dass die betriebliche Gesundheitsförderung für Auszubildende auch einen Wettbewerbsfaktor für Unternehmen darstelle, da gesunde Nachwuchskräfte in vielen Branchen und Regionen mittelfristig händeringend gebraucht werden.[47]

6.3 Personalentwicklung

„Mit Beginn der Ausbildung starten junge Menschen in ein neues Leben. Im Idealfall gehen sie mit einer enthusiastischen Grundmotivation in den Ausbildungsbetrieb, sind wissbegierig und in einem gesunden Maße ehrgeizig.". Im Laufe der Ausbildung können jedoch Motivation und Leistungen ausgebremst werden. Häufige Ursachen dafür sind eintönige und unterfordernde Aufgaben. Langweile und Frustration sind die Folge. Auf lange Sicht kann der Azubi ein Desinteresse entwickeln, bringt sich weniger ein und ist somit unproduktiver.[48] Um das zu verhindern kann man den Nachwuchskräften beispielsweise mehr Verantwortung und somit auch Vertrauen entgegenbringen. Bei dm-drogerie markt übernehmen Lehrlinge im dritten Lehrjahr für mehrere Wochen die Leitung einer Filiale. Hierbei werden laufend die Rollen getauscht, so dass jeder Auszubildende einmal der Chef sein kann.[49] Zudem kann man die Motivation der Lehrlinge durch das Angebot von Schulungen, Weiterbildungen oder auch die Möglichkeit eine Ausbildung mit Zusatzqualifikation zu absolvieren steigern.[50]

6.4 Arbeitgebermarke und Employee Branding

„Wofür stehst du jeden Morgen auf?".[51] Mit diesem Satz wirbt ALDI Süd unter anderem seit dem 01.08.2018 für neue Mitarbeiter. Das Ziel der Kampagne sei es eine starke, nahbare und glaubwürdige Arbeitgebermarke zu schaffen, so Kamila Kwasny, Direktor im HR Marketing bei ALDI Süd.[52] Man braucht aber nicht immer teure Werbekampagnen zu schalten, um seine Arbeitgebermarke aufzubauen. Für die Attraktivität eines Arbeitgebers gilt: „Wahre Schönheit kommt von innen.".[53] Die eigenen Mitarbeiter sind die beste Werbung für das Unternehmen. Maßnahmen wie die

[47] Vgl. AOK-Bundesverband GbR: Herausforderung für die Betriebe: Mehr als jeder fünfte Auszubildende zeigt riskantes Gesundheitsverhalten, URL: https://www.aok-bv.de/presse/pressemitteilungen/2015/index_15244.html [14.04.2019].
[48] Vgl. B-wise GmbH: Motivation für Auszubildende durch Vorgesetze, URL: https://www.business-wissen.de/artikel/motivation-fuer-auszubildende-durch-vorgesetzte/ [14.04.19].
[49] Vgl. Knoblauch, Hörg, Kuttler, Benjamin: Geheimnisse der Champions, 1. Auflage, Campus Verlag GmbH, Frankfurt am Main, 2016, S. 35.
[50] Vgl. BONAGO Incentive Marketing Group GmbH: Die 6 Säulen erfolgreicher Mitarbeiterbindung, URL: https://www.bonago.de/die-6-saulen-erfolgreicher-mitarbeiterbindung/ [Stand: 13.04.2019].
[51] Anlage 1: Employer Branding Kampagne, ALDI Süd.
[52] Vgl. News aktuell GmbH: ALDI SÜD wirbt als Arbeitgeber und startet neue Kampagne: „Für mich. Für uns. Für morgen.", URL: https://www.presseportal.de/pm/108584/4023758 [Stand: 15.04.2019].
[53] Wolf, Gunther: Mitarbeiter anziehen, motivieren, binden: Emotionen entscheiden, URL: https://wolfgunther.de/wp-content/uploads/2010/03/101190_14_06_19-Mitarbeiter-anziehen-motivieren-binden-Emotionen-entscheiden.pdf, [Stand: 14.04.2019], S. 17.

9

Veranstaltung von Karriere-Events, die Einführung von Mitarbeiter-werben-für-Mitarbeiter-Programme oder auch die Nutzung Sozialer Medien können den Effekt unterstützen.[54]

6.5 Unternehmenskultur und -kommunikation

Damit sich die Versprechen auch bewahrheiten sollte man eine klare und transparente Unternehmenskultur und -kommunikation an den Tag legen.[55] Vielen Mitarbeitern sind die Werte und Ziele Ihres Unternehmens nicht einmal bekannt. Zur Förderung der emotionalen Bindung ist es daher ratsam die Mitarbeiter an der Definition der Unternehmenskultur und der Werte teilhaben zu lassen. Denn wie bereits erwähnt, bauen Arbeitnehmer, die ihre eigenen Werte bei der Arbeit verfolgen können, eine starke emotionale Beziehung zu den Unternehmen auf.[56]

Vor allem die jüngere Generation legt heutzutage immer weniger Wert auf finanzielle Anreize. Ihnen geht es darum, dass ihre Tätigkeiten einen Sinn und Zweck erfüllen. Daher sollten Vorgesetzte den Sinn der Arbeit vermitteln und sich die Zeit nehmen Auszubildenden diesen ausführlich zu erklären. Dadurch können Nachwuchskräfte nicht nur produktiver Arbeiten. Sie haben zudem auch mehr Spaß an der Arbeit und fühlen sich allgemein wohler.[57]

6.6 Vergünstigungen und Vorteile

Diese Säule zielt besonders auf die rationale Bindungsebene von Mitarbeitern ab. Durch das Angebot von besonderen Vergünstigungen und Vorteilen kann man sich als Arbeitgeber von der Konkurrenz abheben.[58] Das Silicon-Valley ist in diesem Punkt der Spitzenreiter. Sie locken mit großen Sportanlagen, firmeneigenen Kindergärten, Fahrdienste und vielem mehr.[59] Doch auch mittelständische Unternehmen können ihren Auszubildenden einiges bieten. Beispielsweise durch das Angebot von kostenlosen Kalt- und Heißgetränken, frischem Obst oder einem wöchentlichen Massageangebot stellen gute Benefits für Mitarbeiter und Azubis dar.

---

[54] Wolf, Gunther: Mitarbeiter anziehen, motivieren, binden: Emotionen entscheiden, URL: https://wolfgunther.de/wp-content/uploads/2010/03/101190_14_06_19-Mitarbeiter-anziehen-motivieren-binden-Emotionen-entscheiden.pdf, [Stand: 14.04.2019], S. 17.
[55] Vgl. BONAGO Incentive Marketing Group GmbH: Die 6 Säulen erfolgreicher Mitarbeiterbindung, URL: https://www.bonago.de/die-6-saulen-erfolgreicher-mitarbeiterbindung/ [Stand: 13.04.2019].
[56] Vgl. Wolf, Gunther: Mitarbeiter anziehen, motivieren, binden: Emotionen entscheiden, URL: https://wolfunther.de/wp-content/uploads/2010/03/101190_14_06_19-Mitarbeiter-anziehen-motivieren-binden-Emotionen-entscheiden.pdf, [Stand: 14.04.2019], S. 17.
[57] Vgl. Knoblauch, Hörg, Kuttler, Benjamin, Geheimnisse der Champions, S. 265.
[58] Vgl. BONAGO Incentive Marketing Group GmbH: Die 6 Säulen erfolgreicher Mitarbeiterbindung, URL: https://www.bonago.de/die-6-saulen-erfolgreicher-mitarbeiterbindung/ [Stand: 13.04.2019].
[59] Vgl. Knoblauch, Hörg, Kuttler, Benjamin, Geheimnisse der Champions, S. 264.

7. Fazit

Durch die Folgen der demografischen Entwicklung, die steigende Unattraktivität der dualen Ausbildung sowie der Vertragslösungsquote, hat die Mitarbeiterbindung in den letzten Jahren erheblich an Bedeutung gewonnen.

Diese Hausarbeit hat sich mit der Bindung von Auszubildenden in mittelständischen Unternehmen auseinandergesetzt. Hierzu wurden zunächst die Grundlagen der Mitarbeiterbindung anhand einer Begriffserläuterung und den verschiedenen Arten der Bindung erarbeitet. Im zweiten Schritt wurden die Folgen einer fehlender bzw. einer geringeren Bindung kritisch beleuchtet. Anschließend wurden die Chancen und Risken einer starken Bindung aufgeführt. Die Erkenntnisse darüber haben aufgezeigt, welche Auswirkungen die Beziehung zwischen dem Arbeitnehmer und dem Arbeitgeber auf den Unternehmenserfolg haben kann.

Zum Schluss sollte ein Leitfaden mit geeigneten Maßnahmen und Instrumenten vorgestellt werden. Mithilfe der sechs Säulen der Mitarbeiterbindung konnten diese, insbesondere für mittelständische Unternehmen, veranschaulicht werden. Hierbei wurden die einzelnen Inhalte, aufgrund der begrenzten Länge der Hausarbeit, auf das Wesentliche reduziert. Die genannten Beispiele stellen nur einen Bruchteil der Möglichkeiten zur Mitarbeiterbindung dar.

Auch auf die Gefahr hin, dass ein Übermaß der Bindung entsteht, spielt die Mitarbeiterbindung heute und in Zukunft eine große Rolle. Wie bereits in der Einleitung erwähnt, ist mit einer Veränderung auf dem Arbeitsmarkt vorerst nicht zu rechnen. Leistungsstarke und zufriedene Mitarbeiter bestimmen jedoch den Erfolg eines Unternehmens mit. Daher ist es sinnvoll eine gesunde Beziehung und Bindung zu den Potentialträgern herzustellen, zu pflegen und somit den langfristigen Unternehmenserfolg zu sichern.

Literaturverzeichnis

AOK-Bundesverband GbR: Herausforderung für die Betriebe: Mehr als jeder fünfte Auszubildende zeigt riskanten Gesundheitsverhalten, URL: https://www.aok-bv.de/presse/pressemitteilungen/2015/index_15244.html [Stand: 14.03.2019].

Axel Springer SE: Innere Kündigung kostet Wirtschaft 118 Milliarden, URL: https://www.welt.de/wirtschaft/article126409764/Innere-Kuendigung-kostet-Wirtschaft-118-Milliarden.html [Stand: 07.03.2019].

BONAGO Incentive Marketing Group GmbH: Die 6 Säulen erfolgreicher Mitarbeiterbindung, URL: https://www.bonago.de/die-6-saulen-erfolgreicher-mitarbeiterbindung/ [Stand: 13.04.2019].

Bundesinstitut für Berufsbildung (BIBB): Akademisierung der Berufswelt, https://www.bibb.de/dokumente/pdf/a1bud_auswahlbibliografie-akademisierung.pdf [Stand: 23.02.2019].

Bundesinstitut für Berufsbildung (BIBB): Was stabilisiert duale Ausbildungsverhältnisse?, https://www.bibb.de/de/26725.php [Stand: 30.03.2019].

Bundesministerium für Bildung und Forschung (BMBF): Berufsbildungsbericht 2018, URL: https://www.bmbf.de/upload_filestore/pub/Berufsbildungsbericht_2018.pdf [Stand: 04.03.2019].

B-wise GmbH: Mitarbeiter an das Unternehmen binden und die Vorteile entdecken, URL: https://www.business-wissen.de/artikel/mitarbeiterbindung-mitarbeiter-an-das-unternehmen-binden-und-die-vorteile-entdecken/ [Stand: 08.03.2019].

B-wise GmbH: Motivation für Auszubildende durch Vorgesetze, URL: https://www.business-wissen.de/artikel/motivation-fuer-auszubildende-durch-vorgesetzte/ [14.04.19].

B-wise GmbH: Wenn die Fluktuation zum Misserfolg gerät, URL: https://www.business-wissen.de/artikel/kostenfalle-wenn-die-fluktuation-zum-misserfolg-geraet/ [Stand: 08.03.2019].

Edenred Deutschland GmbH: Wie gewinne ich passende Auszubildende für mein Unternehmen?, URL: https://eblock.edenred.de/post/wie-gewinne-ich-passende-auszubildende-fuer-mein-unternehmen.html [Stand: 04.03.2019].

Fred Eichwald: Mitarbeiterbindung – Ziele, wirksame Maßnahmen, Vor- und Nachteile, URL: https://arbeits-abc.de/mitarbeiterbindung-ziele-wirksame-massnahmen-vor-und-nachteile/ [Stand: 15.04.2019].

Gallup GmbH: Engagement Index Deutschland 2018, URL: https://www.gallup.de/file/245450/Engagement_Index_2018_Presentation.pdf?g_source=link_intdede&g_campaign=item_183104&g_medium=copy [Stand: 05.04.2019].

Gruner+Jahr GmbH: Warum Mitarbeiterbindung kontraproduktiv ist, URL: https://www.capital.de/wirtschaft-politik/warum-mitarbeiterbindung-kontraproduktiv-ist [Stand: 15.04.2019].

Haufe-Lexware GmbH & Co. KG: Strategien zum demografischen Wandel fehlen, https://www.haufe.de/personal/hr-management/strategien-zum-demografischen-wandel-fehlen_80_309050.html [Stand: 23.02.2019].

HRM Research Institute GmbH: Auszubildende begeistern und binden, URL: https://www.hrm.de/fachartikel/auszubildende-begeistern-und-binden-11187 [Stand: 04.03.2019].

Karrierebibel: Mitarbeiterbindung: Instrumente und Beispiele, URL: https://karrierebibel.de/mitarbeiterbindung/, [Stand: 05.03.2019].

Knoblauch, Hörg, Kuttler, Benjamin: Geheimnisse der Champions, 1. Auflage, Campus Verlag GmbH, Frankfurt am Main, 2016.

Kompetenz Center Mitarbeiterbindung: Definition Mitarbeiterbindung, URL: https://bindung-mitarbeiter.de/definition-mitarbeiterbindung/ [Stand: 04.03.2019].

Mirijam Franke: Innere Kündigung – Der Anfang vom Ende oder ein Neuanfang?, URL: https://arbeits-abc.de/innere-kuendigung/ [Stand: 16.04.2019].

News aktuell GmbH: ALDI SÜD wirbt als Arbeitgeber und startet neue Kampagne: „Für mich. Für uns. Für morgen.", URL: https://www.presseportal.de/pm/108584/4023758 [Stand: 15.04.2019].

Personio GmbH: War for Talents, URL: https://www.personio.de/hr-lexikon/war-for-talents/ [Stand: 15.04.2019].

Prosoft EDV-Lösungen GmbH & Co. KG: Mitarbeiterbindung, URL: https://www.prosoft.net/was-ist/mitarbeiterbindung [Stand: 05.03.2019].

Springer Verlag GmbH: Hintergründe der Mitarbeiterbindung, URL: https://media.e-book.de/shop/coverscans/162PDF/16208943_lprob_1.pdf [Stand: 04.03.2019].

Studitemps GmbH: Mitarbeiter für sich gewinnen: Kein Spiel ohne Einsatz, URL: https://studitemps.de/magazin/mitarbeitergewinnung/ [Stand: 15.04.2019].

Von Bonin, Albrecht: Mitarbeiter suchen, finden, fördern, binden, Matthaes Verlag GmbH, Stuttgart, 2013.

Wolf, Gunther: Mitarbeiter anziehen, motivieren, binden: Emotionen entscheiden, URL: https://wolfgunther.de/wp-content/uploads/2010/03/101190_14_06_19-Mitarbeiter-anziehen-motivieren-binden-Emotionen-entscheiden.pdf, [Stand: 06.03.2019].

Wolf, Gunther: Mitarbeiterbindung, 3. Auflage, Haufe-Lexware GmbH & Co. KG, Freiburg, 2018.

Anhang

Anlage 1: Employer Branding Kampagne, ALDI Süd[60]

Anlage 2: Die 6 Säulen der Mitarbeiterbindung[61]

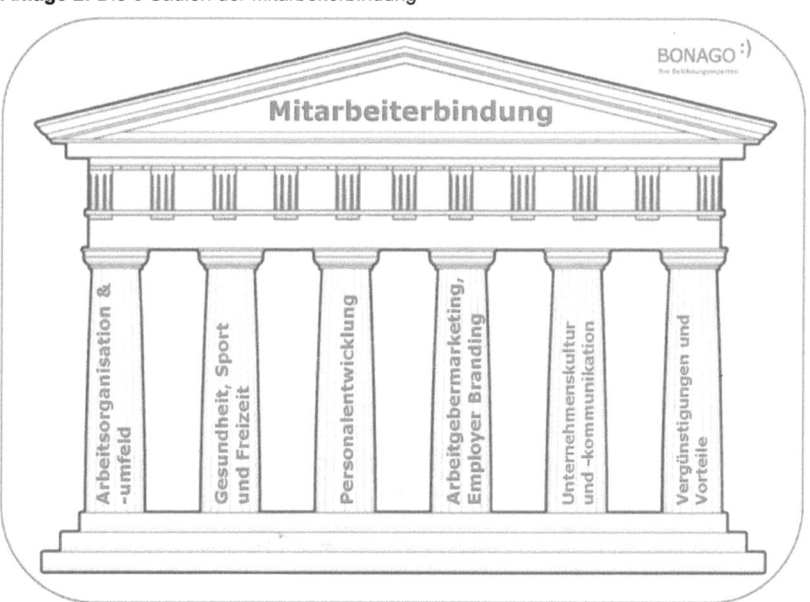

---

[60] News aktuell GmbH: ALDI SÜD wirbt als Arbeitgeber und startet neue Kampagne: „Für mich. Für uns. Für morgen.", URL: https://www.presseportal.de/pm/108584/4023758 [Stand: 15.04.2019].

[61] BONAGO Incentive Marketing Group GmbH: Die 6 Säulen erfolgreicher Mitarbeiterbindung, URL: https://www.bonago.de/die-6-saulen-erfolgreicher-mitarbeiterbindung/ [Stand: 13.04.2019].